Cultivando la fuerza y la vitalidad

Sri Mata Amritanandamayi

Discurso pronunciado
el 1 de diciembre de 2009
en el acto inaugural del
Centro de la Fundación Internacional
Vivekananda de Nueva Delhi.

Mata Amritanandamayi Center, San Ramon
California, Estados Unidos

Cultivando la fuerza y la vitalidad

Discurso de *Sri Mata Amritanandamayi*

Traducido por Swami Amritaswarupananda Puri

Publicado por:
   Mata Amritanandamayi Center
   P.O. Box 613
   San Ramon, CA 94583
   Estados Unidos

––– *Cultivating strength and vitality (Spanish)* –––

Copyright © 2010 Mata Amritanandamayi Mission Trust, Amritapuri, Kollam 690 546, Kerala, India

Reservados todos los derechos. Ningún fragmento de esta publicación puede ser almacenado en sistemas de recuperación, transmitido o reproducido en cualquier idioma, en cualquier forma o medio, sin el acuerdo previo o la autorización del editor.

En España:
   www.amma-spain.org
   fundacion@amma-spain.org

En la India:
   inform@amritapuri.org
   www.amritapuri.org

(de izq. a drcha.) *Sri. Ajit Kumar Doval*, Director de la Fundación Internacional *Vivekananda*;
Honorable M.N. *Venkatacheliah*,
ex Presidente del Tribunal Supremo de la India;
Sri Mata Amritanandamayi;
P. Parameshwaran, Presidente de *Vivekananda Kendra*

Prólogo

Este breve discurso de Amma se pronunció en el acto inaugural del Centro de la Fundación Internacional *Vivekananda* en *Chanakyapuri*, Nueva Delhi, el día 1 de diciembre de 2009. De hecho, las palabras de Amma no precisan de introducción, pues son sencillas, lúcidas y clarificadoras. Este discurso fue pronunciado ante una augusta asamblea de intelectuales y altos mandatarios de Delhi. No es muy extenso, pero contiene la esencia de la espiritualidad.

En su disertación, Amma abordó una amplia gama de temas. Trató sobre los medios para crear armonía interreligiosa, el papel apropiado de la educación en la sociedad y la importancia de mostrar aprecio por la tierra de nacimiento y por la herencia cultural recibida. El tema principal, sin embargo, se centró en los jóvenes, en sus necesidades y en el papel que deberían desempeñar los adultos para ayudarles a desarrollar todo su potencial.

Cada tema fue tratado de forma concisa, pero con una lucidez que va hasta el fondo de la cuestión. Y dado que las palabras proceden de una maestra espiritual tan única, podemos decir que su discurso es profundo, vivo y espiritualmente conmovedor.

Al referirse a la notable personalidad que tuvo *Swami Vivekananda*, Amma dijo: "*Swami Vivekananda* – su nombre de por sí tiene en si mismo un poder especial y un encanto. Su portador era un ser tan radiante que basta con oír su nombre para sentirnos automáticamente despiertos y estimulados. Fue un gran *sannyasin* que revolucionó y transformó la sociedad, un perfecto *jnani*, un gran ejemplo de devoción al *guru*, un elevado *karma yogui* y un brillante orador". Amma describió la visión que tenía Vivekananda de la espiritualidad como "un modo de vida para ser realizada en este mundo, mientras se interactúa con toda clase de personas y se afrontan todas las circunstancias con coraje y compostura".

A través de bellas anécdotas e historias, Amma explicó cómo los *mahatmas* son ejemplos vivos de verdades espirituales. Las Escrituras adquieren valor y sentido sólo a través de la vida y las enseñanzas de un maestro establecido en el Ser. El *Satguru* [verdadero maestro espiritual] es una encarnación de todas las cualidades divinas. Como Amma dijo: "Sus vidas son los mejores ejemplos que la sociedad puede absorber. Eso es lo que mantiene la armonía social".

Amma remarcó la importancia del despertar de la fuerza espiritual, y dijo: "Cuando el poder de Dios brilla a través de nosotros, se manifiesta como verdad, dicha y belleza. Cuando se manifiesta a través del intelecto, brilla como verdad. Cuando Dios se manifiesta a través de las acciones, lo hace como bondad y dicha. Y cuando se manifiesta a través del corazón, su resultado es la belleza. Cuando la verdad, la dicha y la belleza aparecen de manera armoniosa en nuestras vidas, la auténtica fuerza se despierta".

Amma comprende muy bien la importancia de que nuestra juventud reciba una educación espiritual. Amma sabe que la generación juvenil posee una tremenda energía y que, si se canaliza adecuadamente, nuestra juventud puede realizar maravillas. Si la juventud cambia, el mundo cambiará. En todo el mundo, he sido testigo de la transformación que se ha dado en muchos jóvenes gracias a la presencia de Amma. Han cambiado tanto sus actitudes como sus perspectivas de la vida. Sin duda, esto está generando un cambio positivo en la sociedad. Los jóvenes que entran en contacto con Amma se vuelven más conscientes de su *dharma* (deber) hacía sí mismos y hacia la sociedad. Ansían servir desinteresadamente a la sociedad, a los pobres y necesitados, y proteger el medioambiente. Sin embargo, respecto a la condición de la juventud actual, en general, Amma expresa su preocupación. "Actualmente, la fase de la vida humana conocida como 'juventud' está desapareciendo", dijo en Delhi. "Pasamos directamente de la infancia a la edad adulta. De hecho, la juventud es el *bindu*: el punto central de la vida. Es la época en la que no se es niño ni adulto. Es la etapa para vivir el presente y es la época ideal para entrenar la mente. ¿Aprovecha correctamente este período la juventud actual?"

Amma dijo que la juventud de hoy no se conforma con meras palabras o discursos. Los jóvenes necesitan ejemplos de vida que les inspiren, modelos a seguir. Aunque los textos del *Sanatana Dharma* sean tesoros de inmensos conocimientos, tienen que ser presentados de una forma que ayude a la juventud moderna a apreciarlos. Para que así suceda, la vieja generación necesita comprender adecuadamente a la joven generación y acercarse a ella con actitud humilde y con amor. Amma dijo que este acercamiento debe ser un 'diálogo': escucharles pacientemente e impartirles el conocimiento con madurez y compasión.

Amma también dijo que tenemos que re-examinar la metodología y el lenguaje usado en las discusiones interreligiosas. Expresó su preocupación por la tendencia actual de líderes religiosos que adaptan las verdades religiosas a sus propósitos egoístas. En este sentido, Amma dijo: "La religión y la espiritualidad son las llaves que abren nuestros corazones, y nos permiten ver a todo el mundo con ojos compasivos... Por nuestra falta de discernimiento, esas mismas llaves que abrían nuestros corazones, ahora los están cerrando".

Amma también se refirió a algunos métodos de nuestro sistema educativo moderno que están causando extravío social. Para Amma, "el fundamento de todo cambio positivo es una educación auténtica". Describió la auténtica educación como el *mantra* secreto para obtener éxito en la vida y como la solución a todos los problemas. Pero, según nos dijo, "nuestro sistema educativo se ha convertido en una mera herramienta para obtener éxito material".

El mundo actual, especialmente la generación joven, sólo cree en el esfuerzo humano. Eso sólo sirve para inflar el ego. Lo que necesitamos hoy en día es contar con líderes altruistas y compasivos. Amma siempre hace hincapié en la necesidad de la gracia divina para obtener éxito, cualquiera que sea el campo de actuación. Amma considera crucial que la juventud moderna comprenda la importancia del factor de la gracia, que está más allá de la comprensión o de la lógica. Amma dijo: "Deberíamos eliminar la noción egoísta de que nuestra vida será fructífera sólo a través del esfuerzo humano. Deberíamos inclinarnos y reverenciar. Sólo entonces fluirá hasta nosotros la energía, el poder que mantiene al cosmos".

Amma concluyó su discurso destacando la importancia del amor por el propio país de nacimiento. Alabó a *Swami Vivekananda* como un gran patriota que amó India y su rica cultura. "Nuestra herencia es incomparable", dijo Amma. "Deberíamos adoptar lo bueno de otros países pero a su vez permanecer firmemente arraigados en el amor por nuestro país y su cultura espiritual".

Reflexionando sobre las palabras de sabiduría de Amma, el honorable *M. N. Venkatachaliah*, ex Presidente del Tribunal Supremo de la India y renombrado erudito, dijo: "Hoy hemos tenido

Prólogo

esta dosis de *amrita* [ambrosía] de Amma. Ella nos ha dicho que añadamos sabor a la vida, y su interpretación de *Vivekananda* ha sido quizás la más inspiradora y exacta. Su presentación y comprensión han sido tan notables que, algunos de nosotros que antes nos sentíamos tristes, ahora observamos que todavía hay algo bueno para el mundo. Alguien dijo una vez: "Mientras haya pájaros, flores y niños, todo irá bien en el mundo". Pero ahora yo digo: "Mientras haya pájaros, flores, niños y *Mata Amritanandamayi*, todo irá bien en el mundo".

Sri. Ajit Kumar Doval, Director de la Fundación Internacional *Vivekananda*, se refirió a Amma como "la espiritualidad encarnada", y dijo: "El amor constante de Amma por la humanidad y su energía que todo lo impregna, está en la línea de la gran tradición de nuestros líderes espirituales, quienes de época en época conducen a la humanidad y el destino de esta nación, otorgando continuidad a nuestra civilización. Esta civilización que constituye la base de nuestro nacionalismo, identidad, de nuestra nación y de su gente".

Swami Amritaswarupananda
Vice-Chairman Mata Amritanandamayi Math

Amma impartiendo su conferencia en Nueva Delhi, en el Centro de la Fundación Internacional *Vivekananda*.

Cultivando la fuerza y la vitalidad

Sri Mata Amritanandamayi

Discurso pronunciado
el 1 de diciembre de 2009
en el acto inaugural del
Centro de la Fundación Internacional
Vivekananda de Nueva Delhi.

Amma celebra que esta institución haya surgido bajo el nombre de *Swami Vivekananda* con la intención de traer la armonía y la unidad interreligiosa y para compartir los valores del *Sanatana Dharma*[1] con el resto del mundo. El nombre de *Swami Vivekananda* posee en sí mismo una fuerza especial y un gran encanto. Su portador era un ser tan radiante que con sólo oír su nombre, nos sentimos inmediatamente despiertos y llenos de

---

[1] Literalmente 'leyes universales y eternas'. Es el nombre original del hinduismo. Se considera eterno porque la esencia de sus principios es universal y son el sostén de la verdad, al margen de cualquier tiempo o lugar.

energía. Fue un gran *sannyasin*[2] que revolucionó y transformó su sociedad, un *jnani*[3] perfecto, el epitome de devoción al *guru*[4], un *karma yogui*[5] de elevada espiritualidad y un brillante orador. En resumen, *Swami Vivekananda* fue un ser extraordinario. Una divina flor que floreció bajo el esplendor espiritual de *Sri Ramakrishna Deva* y continuó expandiendo su hermosa fragancia por todo el mundo.

La espiritualidad para *Swami Vivekananda* no era una penitencia para llevarla a cabo con los ojos cerrados, en algún bosque o cueva alejados, sino un modo de vida para ser realizada en este mundo, interactuando con toda clase de personas y afrontando toda clase de circunstancias y desafíos con coraje y compostura. Él creía firmemente que la espiritualidad era el fundamento de la vida y la fuente de la verdadera fuerza e inteligencia.

---

[2] El que ha renunciado a la vida mundana por la liberación espiritual.
[3] Literalmente 'un conocedor', el que ha realizado la verdad trascendental.
[4] Un maestro espiritual.
[5] El que realiza todas las acciones como una ofrenda a Dios y, en consecuencia, acepta con ecuanimidad todas las situaciones de la vida, ya sean negativas o positivas, como un regalo sagrado de Dios.

La compasión y el interés por los demás seres constituían la esencia del concepto de espiritualidad de *Swami Vivekananda*. Proclamó que él no podía creer en un Dios o en una religión que no enjugara las lágrimas de la viuda o pusiera un pedazo de pan en la boca del huérfano. Al ensalzar la compasión y el servicio al mundo, añadió una nueva dimensión a la tradición india de *sannyasa*.

Las vidas de los *mahatmas*[6] son sus enseñanzas. Sus vidas son los mejores ejemplos que la sociedad puede absorber. Eso es lo que mantiene la armonía social. Si los lazos familiares y los valores sociales se mantienen con tanta vitalidad en la India, se debe, principalmente, a la influencia y la inspiración que han ejercido las vidas de los *mahatmas*. No se dedicaron a afirmar simplemente: " Expresad siempre la verdad. Mantened una rectitud y coherencia[7]. Considerad a vuestros padres, profesores e invitados como si fueran Dios para vosotros"[8]. Más bien se mostraron como

---

[6] Literalmente 'grandes almas'. Amma utiliza la palabra para referirse específicamente a los que han alcanzado el autoconocimiento.

[7] *satyam vada | dharmam cara |* [*Taittiriya Upanishad*, 1.11.1]

[8] *mātṛdevo bhava | pitṛdevo bhava | ācārya-devo bhava | atithidevo bhava |*[*Taittiriya Upanishad*, 1.11.12]

ejemplo vivo de esas enseñanzas. Los valores que arraigaron en la sociedad no fueron aquellos que siguieron el ejemplo de reyes o líderes políticos, sino el modelo de vida de los *mahatmas*. En realidad, fueron los *mahatmas* los que ofrecieron una guía y ejemplo a los gobernantes. El fundamento de todos los valores es la espiritualidad. Si perdemos nuestros valores, nuestra vida se vuelve como un satélite que ha roto su vínculo gravitacional con la tierra.

Los *mahatmas* no son meros individuos, sino las formas visibles de la verdad última. El egoísmo ha sido erradicado en ellos. Al igual que un imán atrae objetos metálicos, los *mahatmas* atraen al mundo entero. Dado que realizan acciones sin egoísmo o apego alguno, todo lo que hacen transforma la sociedad y el mundo en general.

Un grupo de jóvenes se acercó una vez a un *sannyasin*, y le preguntaron: "¿Qué es *sannyasa*?" En aquel momento, el *sannyasin* llevaba un bulto con todas sus pertenencias a la espalda. Inmediatamente dejó caer el bulto y siguió andando. Incapaces de entender el significado de la acción del *mahatma*, los jóvenes recogieron el bulto. A continuación preguntaron de nuevo: "¿Qué es *sannyasa*?

El *mahatma* replicó: "¿No habéis visto cómo he dejado caer el bulto? Ante todo, *sannyasa* es renunciación al 'yo' y a 'lo mío'".

Curiosos por saber más, los jóvenes preguntaron: "Después de renunciar al 'yo' y a 'lo mío', ¿cuál es el siguiente paso?

El *mahatma* retrocedió, recogió el bulto que tenían los jóvenes y se lo volvió a colocar sobre su espalda. A continuación siguió caminando. Los jóvenes se sintieron confusos y le preguntaron: "¿qué nos quieres decir con esto?"

El *sannyasin* sonrió y les contestó: "¿No habéis visto cómo he vuelto a cargar el bulto?" Después de renunciar al 'yo' y a 'lo mío' hay que llevar a hombros la carga del mundo. Cuando vemos las penas y las dificultades de los demás como propias, tratamos de amarlos y servirlos. Eso es lo que significa realmente *sannyasa*".

Sin embargo, esa carga no será pesada, pues donde hay amor, no hay carga alguna. Cuidar a un bebé puede ser una tarea difícil para una niñera, pero para la madre del niño es una experiencia gozosa. Donde hay amor, no hay tarea pesada.

Esto significa que primero uno tiene que hacerse fuerte para servir al mundo de forma altruista. *Swami Vivekananda* demostró que sólo a través del despertar del poder interior podemos conseguir una auténtica transformación, y encontrar soluciones permanentes a los problemas que afronta la sociedad.

Ese poder es la cualidad más importante para un individuo o para un país. Cuando nos damos cuenta de que esa fuerza reside en nuestro interior, surge el auténtico poder. *Satyam, shivam, sundaram* —verdad[9], dicha y belleza— no son únicamente cualidades divinas; son nuestra experiencia, el modo como percibimos a Dios. Esas cualidades son, de hecho, los límites que nuestra mente proyecta sobre Dios. En realidad, Dios está más allá de toda cualidad, es infinito. Cuando el poder de Dios brilla a través de nosotros, se manifiesta como verdad, dicha y belleza. Cuando Dios se manifiesta a través del intelecto, brilla la verdad. Cuando Dios se manifiesta a través de las acciones, lo hace como bondad y dicha. Y cuando Dios se manifiesta a través del corazón, su resultado es la belleza. Cuando la verdad, la dicha

---

[9] En el contexto de este párrafo, *satyam*—verdad— no indica la última realidad, sino cualidades como honestidad, integridad y franqueza. Como Amma dice, la realidad última de Dios, tanto la individual como la universal, está más allá de todas las cualidades, es pura consciencia.

y la belleza aparecen de manera armoniosa en nuestras vidas, se despierta la auténtica fuerza[10].

Lo que precisa la India[11] es fuerza, vitalidad y vigor. Si nuestra juventud se percata de esta verdad y actúa, tendrá la fuerza y el vigor para generar una enorme transformación social.

Tal como dijo en una ocasión *Swami Vivekananda*: "El valor supremo de la etapa juvenil es incalculable e indescriptible. La vida juvenil es la vida más preciosa. La juventud es el mejor momento. El modo como se utilice ese período determinará la naturaleza de los años venideros. Vuestra felicidad, éxito, honor y prestigio dependerán del modo en el que viváis ahora, en este momento presente. Recordad esto. Esta maravillosa primera etapa de la vida la podéis relacionar con la tierna arcilla humedecida en las manos del alfarero. Hábilmente el alfarero va modelando la forma correcta que tiene en mente. De igual modo, vosotros podéis modelar

---

[10] La consciencia anima la creación, es el sustrato del universo. Cuando la mente está purificada de gustos y aversiones, la personalidad animada expresa cualidades divinas como franqueza, bondad y belleza.

[11] Dado que Amma pronunció su discurso en Nueva Delhi, mencionó específicamente 'India', pero esas cualidades son necesarias en todas las naciones.

sabiamente vuestra vida, carácter, salud física y fuerza. En definitiva, toda vuestra naturaleza puede configurarse de acuerdo con vuestra mente. Y debéis hacerlo ahora".

Actualmente, la fase de la vida conocida como "juventud" está desapareciendo. Pasamos directamente de la infancia a la edad adulta. De hecho, la juventud es el *bindu*: el punto central de la vida. Es la época en la que no se es niño ni adulto. Es la etapa para vivir el presente y es la época ideal para entrenar la mente. ¿Aprovecha correctamente la juventud actual este período?

Una vez, una señora caminaba por un parque y vio a un anciano sentado en un banco, sonriendo. La señora se acercó a él y le dijo: "Parece muy feliz, ¿cuál es el secreto de su vida tan larga y feliz?

El anciano le respondió: "Bien, se lo contaré. Nada más levantarme de la cama me bebo dos botellas de whisky. Después me fumo un paquete de tabaco. A la hora de la comida alegro mi estómago con un pollo asado y un filete. Después me paso el resto del día escuchando música 'heavy-metal' y 'rap'. Tomo algún que otro bocado de patatas fritas, dulces y comida basura a lo largo del día. Además suelo fumar 'ganja' cuatro o cinco veces por semana. De hacer ejercicio, nada de nada. Ni siquiera se me ocurre".

La señora se quedó impresionada. "¡Es asombroso!, dijo. "Nunca había visto una persona así que viviera tantos años. Por cierto, ¿cuántos años tiene?

"Veintiséis", replicó el hombre.

Así es como muchas personas malgastan su preciosa juventud. ¿Por qué sucede esto? Durante la infancia, no reciben una adecuada disciplina de sus padres. Todo el énfasis se pone en el dinero y el estudio. Estos son necesarios, pero también tenemos que inculcar valores en nuestros niños. Aunque una persona comprara el coche más caro y le pusiera la mejor gasolina, necesitaría una batería para arrancar el motor. De igual forma, para conducir el vehículo de la vida, necesitamos valores y virtudes.

¿Cómo pueden desarrollar los jóvenes valores espirituales y buenas cualidades? ¿Cómo podemos guiarlos por el camino adecuado? ¿Cómo podemos canalizar la fuerza de la juventud para posibilitar el crecimiento de la sociedad, del país y del mundo? Para conseguirlo, tenemos que entrenar a nuestros jóvenes para que desarrollen su carácter y alcancen su plenitud como seres humanos. Para ellos es necesario que, en primer lugar, los comprendamos. Debemos descender a su nivel. *Swami Vivekananda* puso gran énfasis en estos aspectos.

Hay muchos textos en el *Sanatana Dharma* que revelan la profundidad y la inmensidad del auténtico conocimiento espiritual y explican la naturaleza del mundo. Sin embargo, las mentes juveniles no pueden asumir estos textos en su forma original. Deberíamos ser capaces de expresar estas enseñanzas de las Escrituras en un lenguaje que los jóvenes pudieran comprender, de acuerdo con cada época. Esa es la responsabilidad de la generación más adulta. Sin embargo, esta educación no debería ser sólo intelectual. Al explicar la espiritualidad a la juventud, también tenemos que valernos del corazón. La generación más adulta debería emplear el diálogo como forma de aproximación[12]. Cuando nos acercamos a la juventud, no debemos tratar de demostrar nuestro conocimiento y erudición. Más bien, hay que procurar ser uno más entre ellos, comprendiendo sus corazones e involucrarlos en discusiones. Deberíamos escuchar sus preguntas y críticas con amor y paciencia. Debemos acercarnos a ellos con compasión. Sólo ese tipo de aproximación

---

[12] *Saṁvāda*

generará un auténtico cambio en su interior. Por encima de todo, tenemos que vivir nuestra vida de una forma que inspire a los demás.

¿Por qué es relevante la espiritualidad? Una persona ignorante sin una meta en la vida es, en todos los sentidos, una persona dormida. De hecho, no es un individuo, sino una multitud. Tales personas no pueden adoptar decisiones porque, al igual que una multitud, tienen muchas opiniones opuestas. Cuando un aspecto de la mente crea algo, otro aspecto lo hunde. Todos los esfuerzos de esas personas resultan vanos. Como no siguen una dirección clara, van vagando por esta vida. Es como atar un caballo a los cuatro lados de un carro y dejar que las riendas las lleve un conductor dormido. Ese tipo de personas no tiene ninguna posibilidad de progreso. Así son las personas que carecen de una comprensión espiritual. Puede que piensen: *"Estoy alcanzando mi meta... Estoy alcanzando mi meta..."*, pero en realidad no avanzan. Al final, caen exhaustas. Nuestras mentes están normalmente flotando entre innumerables objetos externos. Debemos reorientarlas para que descubran el infinito poder que yace en nuestro interior. De hecho, no basta con ser meros individuos, tenemos que ser individuos conscientes. Ese es el propósito de la espiritualidad. Debemos pasar este conocimiento a la juventud.

En el mundo actual, muchas personas creen que la capacidad para interpretar las verdades espirituales según los intereses de cada uno, indica la calidad del profesor de espiritualidad. La incapacidad para hacerlo se considera debilidad. Las verdades espirituales nunca deberían ser interpretadas como nos plazcan. Deben ser transmitidas de modo que ayuden al desarrollo de los individuos y también de la sociedad. Por ese motivo, a los que se les confíe la transmisión de este conocimiento tendrían que ser personas maduras, con capacidad de discernimiento[13] y que tengan un corazón expansivo. Sólo así se logrará que florezca la bondad y la nobleza en los que reciben tal conocimiento.

La juventud actual no se contenta con meras palabras. La tecnología de la información moderna ha permitido que esa juventud acceda a mucho más conocimiento que el que tenía la generación

---

[13] *Viveka buddhi*— una mente que ha alcanzado la sabiduría y la sutileza para distinguir claramente no sólo entre *dharma* y *adharma* [la rectitud y la falta de rectitud] sino, en último extremo, entre lo eterno y lo efímero.

anterior. Hoy en día, no resulta difícil la diseminación de la información. La mera predicación no crea diálogo. Ya no atrae a la juventud ni a nadie. Cualquier cambio que pueda darse a través de una conferencia resulta efímero. Debemos explicar a la juventud cuál es el verdadero diálogo. Es responsabilidad de la generación más adulta. *Swami Vivekananda* siempre se expresó a través de diálogos sinceros, los cuales fluyeron desde una perfecta comprensión del nivel intelectual y emocional de las personas a las que se dirigía. Esto explica la fuerza que tienen sus palabras y que, hoy en día, sigan transformando a la gente.

Constantemente se producen discusiones entre los líderes de diferentes religiones y culturas, pero debemos re-examinar si la metodología y el lenguaje empleado en esas discusiones son ciertamente adecuados. Hoy en día, muchos de nosotros somos capaces de dar interpretaciones lógicas e intelectualmente satisfactorias, pero nos olvidamos de enseñar la belleza del corazón junto con nuestra lógica. Las reuniones no deberían ser un mero encuentro entre personas, sino una confluencia de corazones.

Los problemas aparecen cuando decimos: "Mi religión es la única que está bien, la tuya es mala". Es como decir: "Mi madre es perfecta, la tuya es una prostituta". Solo cuando discutamos con la comprensión de que cada persona observa su punto de vista como perfecto, nos será posible comunicarnos de forma efectiva con los demás.

Los auténticos líderes religiosos aman y adoran a la creación en su totalidad, la ven como una manifestación de la conciencia divina. Ven la unidad tras la diversidad. Sin embargo, en la actualidad, muchos líderes religiosos malinterpretan las palabras y experiencias de los antiguos sabios y profetas, simplemente para explotar a la gente de mente débil.

La religión y la espiritualidad son las llaves que abren nuestros corazones, y nos permiten ver a todo el mundo con ojos compasivos. Sin embargo, nuestro egoísmo nos ha enceguecido. En consecuencia, nuestras mentes han perdido su capacidad de discernimiento y nuestra visión se ha distorsionado, provocando más oscuridad. Por nuestra falta de discernimiento, esas mismas llaves que abrían nuestros corazones, ahora los están cerrando.

Una vez, cuatro hombres viajaban en un barco para asistir a una conferencia religiosa y, a causa de una fuerte tormenta, se refugiaron en una isla desierta. Era una noche muy fría y la temperatura descendió hasta los cero grados centígrados. Cada viajero llevaba una caja de cerillas y un fajo de leña en su equipaje, pero cada uno pensaba que era el único que tenía cerillas y leña.

El primer hombre pensó: "Por el medallón que lleva, diría que ese hombre es de otra religión. Si preparo un fuego, él también se beneficiará. ¿Qué sentido tiene utilizar mi leña para que él se caliente?

El segundo hombre pensó: "Aquella persona es de un país que siempre está luchando contra nosotros. ¡Ni soñando utilizaría mi leña para que estuviera más cómodo!" El tercer hombre miró a otra persona del grupo y pensó: "Conozco a ese tipo. Es de una secta que siempre está creando problemas en mi religión. ¡No voy a quemar mi leña por él! El último hombre pensó: "Este tipo es de otro color. Odio su raza. ¡De ningún modo, voy a utilizar mi leña para él!"

Al final, ninguno de ellos se mostró dispuesto a quemar su leña para calentar a los demás, así que, antes de que amaneciera, murieron todos de frío. En realidad, la causa de su muerte no fue debida al frío externo, sino a sus corazones congelados. Nosotros nos estamos volviendo como estos hombres. Nos peleamos en nombre de la religión, la raza, la nación o el color de la piel, sin mostrar ninguna compasión hacia nuestros semejantes.

La sociedad moderna se parece a una persona que tiene mucha fiebre. A medida que sube la fiebre, el paciente dice más cosas insensatas. Señalará una silla en el suelo y quizás pregunte: "¿Por qué está volando esa silla?" ¿Cómo vamos a poder contestarle? La mayoría de nosotros vive así. Es fácil despertar a una persona que está durmiendo, pero es imposible despertar a alguien que simula estar dormido.

La juventud se siente atraída por las palabras de *Swami Vivekananda*, y no sólo porque hablara la lengua de la lógica y del intelecto, sino debido a su sinceridad. Cuando en el Parlamento de las Religiones del Mundo, celebrado en Chicago en 1893, empezó su discurso con las palabras "¡Hermanas y hermanos de América!" toda la audiencia explotó llena de entusiasmo y alegría. ¿Por qué? Porque aquellas palabras eran bien sinceras y sentidas. Si hay sinceridad en nuestras palabras, al final inspirarán y darán fuerza a los demás. Esto, llegado su momento, los motivará para realizar acciones desinteresadas.

El fundamento de todo cambio positivo es una educación auténtica. La auténtica educación es el *mantra* secreto para obtener éxito en la vida. Esa educación es la solución a todos los problemas. Como dijo *Swami Vivekananda*: "¿Qué es la educación? ¿Es el saber libresco? No. ¿Es el conocimiento diverso? Tampoco. El entrenamiento a través del cual la voluntad corriente y su expresión se controlan y se vuelven fructíferas, es lo que se denomina educación".

Normalmente, la educación moderna sólo tiene un objetivo: el éxito mundano. La palabra "éxito" se ha convertido en el *mantra* de nuestra juventud. "¡Cualquiera que sea el camino que elijas, ante todo debes tener éxito!" Este es el lema del sistema educativo moderno. Nuestro sistema educativo se ha convertido en una mera herramienta para obtener éxito material. Pero, ¿cuánto durará tal éxito? ¿Ayudará a nuestros jóvenes a que consigan el amor y el respeto de la sociedad? ¿Les dará la fuerza necesaria para mantenerse firmes ante las pruebas y tribulaciones a las que tendrán que enfrentarse? Puede que les reporte algunas ganancias temporales, pero tarde o temprano se derrumbarán.

No sólo necesitamos comprender cuán vacío y artificial es este concepto moderno del éxito, sino que también necesitamos apreciar el significado y la importancia del auténtico éxito en su plenitud. Refiriéndose al éxito, *Swami Vivekananda* dijo: "[El propósito de la juventud] es *atma-vikasa* [auto-revelamiento]. Es *atma-nirmana* [auto-desarrollo]. Por favor, tratad de comprender el valor correcto del término vida exitosa. Cuando se habla de éxito con referencia a la vida, no significa simplemente tener éxito en todo lo que llevéis a cabo... La esencia del auténtico éxito es lo que hacéis de vosotros mismos. Es decir la conducta de vida que desarrolláis, el carácter que vais conformando y el tipo de persona en el que os convertís.

Los que atacan a sus enemigos con espadas y pistolas no son los únicos soldados. Cualquiera que lucha por alcanzar la meta de la vida es, en este sentido, un soldado. Un *kshatriya*[14] es el que lucha. Pero, ¿dónde se establece la lucha? En cada campo de la vida. Tanto si se trata del campo artístico, político, comercial, espiritual o educativo, necesitamos invocar las cualidades

---

[14] El que pertenece a la casta de los guerreros en el sistema de las cuatro castas del hinduismo.

de *sattva*, *rajas* y *tamas* adecuadamente[15]. Necesitamos las facultades mentales y el vigor para centrar toda nuestra atención en la meta de la vida y avanzar. Para prevenir el egoísmo, necesitamos la luz de la bondad en nuestro corazón. También tenemos que ser capaces de expresar esa bondad. La motivación que impulse todas nuestras acciones tendría que ser el crecimiento holístico de la sociedad y el bienestar de la humanidad. El crecimiento de nuestros semejantes también supone nuestro propio crecimiento. Ese es el auténtico crecimiento. Para que esta comprensión arraigue firmemente en nuestra mente, precisamos discernimiento.

Lo que necesita la juventud actual es un adecuado discernimiento. No basta con diseminar información para que despierte el discernimiento. Sólo se puede generar discernimiento tras desarrollar fe en el poder que subyace en el cosmos: el poder que está más allá de nuestra mente e intelecto. Deberíamos eliminar la noción egoísta

---

[15] Según las Escrituras hinduistas, la base material del universo, que también incluye a la mente humana, está formada por: *sattvaguṇa*, *rajoguṇa* and *tamoguṇa*.. En este contexto representan las fuerzas que sostienen, crean y destruyen respectivamente.

de que nuestra vida será fructífera sólo a través del esfuerzo humano. Deberíamos inclinarnos y reverenciar. Sólo entonces fluirá hasta nosotros la energía, el poder, que mantiene al cosmos.

Si le preguntamos a un guitarrista o a un cantante de dónde procede su música, es probable que diga: "De mi corazón". Pero si en una intervención quirúrgica se le abre el corazón, ¿encontraremos allí la música? Si nos dijera que la música procede de las yemas de sus dedos o de su garganta, ¿encontraríamos allí su música si investigáramos esas partes de su cuerpo? Entonces, ¿de dónde surge la música? Surge de un lugar que está más allá del cuerpo y la mente. Ese lugar es la morada de la pura conciencia: Dios. La generación joven debería esforzarse por entender y respetar ese poder. La educación moderna no da importancia al desarrollo de ese tipo de comprensión. La juventud tendría que concienciarse de la importancia del amor, el servicio desinteresado, la humildad y la necesidad de reembolsar a la sociedad por su contribución al éxito personal. Ya seamos persona de familia, directivos o líderes políticos, lo primero que necesitamos conocer es a nosotros mismos. Esa es la auténtica fortaleza. Necesitamos conocer y aceptar nuestros propios fallos, defectos y limitaciones para tratar de vencerlos. Sólo entonces diremos que ha nacido un verdadero líder.

Los auténticos líderes son los que pueden conducir a otros por el camino del *dharma*[16] con sinceridad, confianza y conciencia de sí mismos. Los jóvenes actuales serán los líderes del mañana, por tanto deberían saber cuál es la fuente de la fuerza verdadera. Deben desarrollar un corazón bondadoso y ser capaces de realizar acciones sin ninguna expectativa, pues sólo así podrán atraer a los demás e influir en sus corazones.

La meditación y la espiritualidad son dos aspectos inseparables de la vida. Una mente meditativa y un pensamiento espiritual son esenciales para que nuestros pensamientos y acciones adquieran claridad y sutileza. Ver la espiritualidad y la vida como separadas es síntoma de ignorancia. Al igual que el alimento y el sueño son necesarios para el cuerpo, el pensamiento espiritual es necesario para una mente sana. Pero, ¿cómo vemos actualmente la meditación y la espiritualidad?

---

[16] Un código de conducta correcta que tiene en cuenta la armonía del mundo, de la sociedad y el individuo.

Una vez, dos amigos se encontraron en un camino. El primer hombre le preguntó al otro cómo se encontraba.

"Bien, gracias", dijo el segundo hombre.

Entonces, el primero preguntó: "¿Cómo está tu hijo? ¿Ya ha encontrado trabajo?

"No, todavía no, pero ha empezado a meditar".

"¿A meditar?, ¿qué es eso?"

El hombre respondió: "La verdad es que no estoy muy seguro, pero he oído que es mejor que no hacer nada".

Al igual que este hombre, muchos piensan que la espiritualidad está destinada a aquellos que no tienen nada mejor que hacer.

La espiritualidad es el centro de la cultura en la India. Si absorbemos correctamente nuestra cultura, observaremos que contiene soluciones para toda clase de problemas, tanto individuales como colectivos. Por ese motivo, *Swami Vivekananda* animaba constantemente a la juventud a que estableciera un vínculo sincero con su país y su cultura. A su vez, conviene que los jóvenes desarrollen un intelecto independiente y una mente abierta. Deben tener el coraje suficiente para aceptar lo bueno y rechazar lo malo allí dónde lo encuentren. *Swami Vivekananda* tuvo estas cualidades y, por tanto, fue capaz de mantener el orgullo de su herencia india y desarrollar internamente las cualidades occidentales del pensamiento progresivo y la acción dinámica.

El *Vedanta* es el fundamento de la visión universal india respecto a la religión. Considera a todas las religiones como caminos hacia la misma meta. *Swami Vivekananda* profetizó que, al margen de los avances de la ciencia moderna, las verdades del Vedanta se mantendrán firmes, vencerán cualquier desafío y, al final, se convertirán en una visión universal.

La diversidad es el rasgo característico de la creación divina. Este universo es demasiado complejo para que pueda ser explicado a partir de una sola religión o filosofía. Si queremos la paz, la alegría y el progreso, debemos hacer cuanto esté en nuestras manos para que el mundo comprenda cuál es el camino de la integración armoniosa. De hecho, esta integración armoniosa es el espíritu mismo del *Sanatana Dharma*[17] que todo lo abarca.

---

[17] En su visión expansiva, el *Sanatana Dharma* contiene muchos puntos de vista del universo dentro de su marco flexible.

Amma ve el mundo entero como una flor. Cada pétalo representa una nación. Si un pétalo está infectado por parásitos, también se verán afectados los demás pétalos. La belleza de toda la flor se marchitará. Todos y cada uno de nosotros tenemos la responsabilidad de proteger y alimentar esa flor. Por tanto, todas las naciones

deberían avanzar juntas y unidas, compartiendo y adoptando mutuamente aquellos modelos y contribuciones que sean útiles. Mientras Amma dice esto, le viene a la mente una imagen de las carreteras occidentales. Cuando Amma viaja al extranjero y ve las carreteras pavimentadas, la limpieza, la disciplina y el orden que hay allí, desearía que también fuera así en India. Si nuestras carreteras fueran mejores, se evitarían innumerables accidentes. Si contáramos con los mismos niveles de limpieza, sería más fácil prevenir las epidemias y otras enfermedades. Si tuviéramos la misma ética laboral, el crecimiento y desarrollo de la India sería mucho más rápido. De igual forma, los países occidentales podrían absorber el aporte valioso de la India, especialmente su sabiduría espiritual.

Hay un hecho que cada ciudadano indio debería recordar: nuestra herencia es incomparable. La luz que ilumina el momento presente procede de las impresiones creadas en nuestro interior, debido a nuestros pensamientos y acciones pasados. Debemos adoptar lo bueno de otros países mientras permanecemos firmemente arraigados en el amor por nuestro país y su cultura espiritual. Cuando *Sri Rama*[18] logró llegar al reino de *Ayodhya* en su camino hacia el bosque, cogió un puñado de tierra y dijo: "Nuestra madre biológica y nuestra madre tierra son mucho más grandes que el mismo cielo".

---

[18] En la epopeya india del *Rāmāyana*, el Señor *Rāma*, una encarnación de Dios, fue exiliado de su reino durante 14 años.

Se cuenta que cuando *Swami Vivekananda* llegó a Madrás, tras su primera gira por los Estados Unidos, rodó por la arena y proclamó con lágrimas en los ojos: "Aunque he visitado muchos países, nunca he encontrado una madre como la mía". Cuando se encontraba en un hotel de cinco estrellas, en lugar de dormir en su lujosa cama, se puso a dormir directamente en el suelo y recordó con lágrimas a los pobres y hambrientos de la India. Tal amor y respeto hacia nuestro país y cultura debería ser un ejemplo para todos nosotros, especialmente para nuestra juventud. Deberíamos recordar que "la papilla de nuestra madre biológica es mucho más sabrosa que la dulce tarta de nuestra madrastra"[19].

Cuando el materialismo y su énfasis en el relativismo estaban royendo los tesoros de la cultura india, *Swami Vivekananda* apareció con un frasco

---

[19] El significado implícito es que los valores de la cultura tradicional del país de origen son en definitiva mucho más nutritivos y satisfactorios que los lujos y placeres que se obtienen en el extranjero.

de *amritam*[20] que él extrajo del *rishi parampara*[21]. Por eso fue capaz de conseguir tanto en tan corto período de tiempo, en la India como en el resto del mundo. Las palabras de *Swami Vivekananda* lograron dar a la humanidad la fuerza y la autoconfianza necesarias para afrontar obstáculos como el *Himalaya*, nadar ríos de lágrimas y atravesar desiertos de dificultades. Aceptó el sufrimiento y el dolor como los más grandes maestros. Su vida se convirtió en un *deepa stambam* [una gran lámpara sagrada] de optimismo para muchas personas ahogadas en la desesperación. Antes de su nacimiento, *sannyasa* significaba desapego[22] de los problemas del mundo. A este intenso desapego *Swami Vivekananda* le sumó también importancia al servicio basado en la dulzura del amor y la fragancia de la adoración.

---

[20] En las leyendas indias, los semidioses y los demonios buscaron juntos el *amṛtaṁ* – un dulce néctar o ambrosía que concedía la inmortalidad. Aquí, Amma utiliza la palabra para indicar las enseñanzas espirituales de la India, que conducen a la conciencia del Ser y también a la armonía y prosperidad social.

[21] El linaje de los sabios que ha permitido que la sabiduría espiritual de la India fuera transmitida desde tiempos inmemoriales.

[22] *Vairāgya*.

Antes de concluir, Amma desearía compartir algunas ideas adicionales con sus hijos:

1. No es incorrecto que cada persona crea que su fe está en lo cierto. Sin embargo deberíamos dejar que los demás también tengan sus propias creencias. Cuando tratamos de imponer nuestras creencias religiosas sobre los demás, las religiones que han nacido del amor se vuelven causa de derramamiento de sangre. No debemos permitir que las religiones, surgidas como canciones de paz, creen desacuerdo y violencia.

2. Antes de que apareciera en la India el sistema educativo británico, existía el sistema tradicional indio basado en el *gurukula*[23]. En aquel tiempo, la educación no era un mero trasvase cerebral de conocimientos mundanos, sino que también una transferencia de corazón a corazón de cultura espiritual. El conocimiento y la conciencia del *dharma* son las dos caras de la misma moneda de la educación. Desde el momento del nacimiento, los padres deberían recitar el nombre de Dios en los oídos de sus hijos. De este modo, los niños crecerán recitando el nombre

---

[23] Literalmente, la 'familia del *guru*'.

de Dios. Más tarde, podrían ser enviados por sus padres a un *gurukula,* en donde podrían llevar una vida de *brahmacharia*[24] y aprender todas las Escrituras[25] a través de su *guru.* Aprenderían lo que es la vida, sabrían cómo vivir y cómo responder al mundo. Como resultado, los niños llegarían a la madurez con una mente desarrollada y capaz de discernir. Serían leones de gran corazón, dispuestos a dedicar sus vidas por el bien de la verdad. Todo esto sería absorbido por los jóvenes como parte de su educación. La sociedad moderna tiene que revivir todo esto creando un sistema educativo basado en valores y conciencia espirituales.

3. Tener una institución de *sannyasis* que sirvieran a la sociedad fue una idea de Buda, y *Swami Vivekananda* la adoptó de acuerdo con las necesidades de su tiempo. Hace unos cien años, declaró que *daridra narayna puja*—la adoración a Dios a través de los pobres— era lo que se necesitaba

---

[24] Un estudiante, la primera de las cuatro etapas de la vida, según establece la tradición hinduista.

[25] En los *gurukulas*, a los niños se les enseña tanto *parāvidya* como *aparāvidya*— sabiduría espiritual y ciencias materiales. Los dos conocimientos se valoran en las *śāstras*— Escrituras.

en su época. Esta idea sigue en vigor hoy en día. Cuando se extendió la plaga a través de Calcuta, él sirvió a los enfermos con la misma devoción con la que sirvió a su *guru*, a quien consideraba como un *avatar* [encarnación] de Dios. Estuvo incluso dispuesto a vender *Belur Math*[26] si hubiera sido necesario. La verdad de que todo lo que vemos es creación del mismo Creador no era para *Swami Vivekananda* un mero conocimiento intelectual. Esa verdad fue un continuo fluir de energía que tocó su corazón e hizo que sus manos sirvieran sin descanso.

4. Cada una de nuestras huellas digitales, rostros y ojos son únicos. Si hacemos algo con el mismo molde, ya sea una aguja, un zapato o una muñeca, siempre será idéntico. Sin embargo, en la creación divina, ni una brizna de hierba ni un pétalo de flor es igual a otro. ¿Qué decir, entonces, de los seres humanos? Dios ha enviado a cada persona a la tierra con una especial habilidad oculta. Cada uno de nuestros nacimientos tiene un propósito que sólo nosotros podemos cumplir. Descubrir ese

---

[26] Situado cerca de Calcutta, *Belur Math* es la sede central del *ashram* iniciado por *Swami Vivekananda* y otros discípulos directos de *Sri Ramakrishna Paramahamsa*.

poder especial en nuestro interior es el propósito de nuestra vida. Cuando lo conseguimos, la vida se vuelve plena de sentido, una gozosa comunión. La auténtica educación nos ayuda a conseguirlo. *Swami Vivekananda* dijo claramente que necesitamos una educación que nos ayude no sólo a desarrollar nuestro intelecto, sino también nuestro corazón. Una sociedad en la que todos fueran idénticos sería mecánica y estaría muerta. La belleza de la vida radica en compartir la diversidad.

5. Hay un infinito poder dentro de cada uno de nosotros. Hoy en día, el 90 por ciento de las personas no se han percatado de este hecho. Nacemos en el dolor, crecemos en el dolor y morimos en el dolor. Necesitamos la guía de un *guru* establecido en el Ser a fin de descubrir el talento que Dios nos ha otorgado, y del que somos por lo general totalmente inconscientes. El que *Swami Vivekananda* emergiera de la comunión de *Sri Ramakrishna* y *Narendra*[27] se debió sólo a la gloria del *guru*.

---

[27] El nombre de *Swami Vivekananda* antes de asumir los votos de *sannyasa*

6. Tendríamos que enseñar a nuestros hijos valores y principios religiosos básicos como parte de su educación. Al mismo tiempo, es crucial que lleguen a ser conscientes de las cualidades que se pueden rescatar de todas las religiones, sin dar importancia a sus diferencias. Ese es el único camino para mantener el amor mutuo y el respeto en la sociedad moderna, donde la diversidad religiosa es una realidad cada vez mayor. Además, los valores impartidos en nuestro sistema educativo deberían ayudar a inculcar esperanza y optimismo ante cualquier dificultad con la que se puedan encontrar los jóvenes en su vida. La visión universal de *Swami Vivekananda* y sus poderosas palabras hacen que sus escritos y conferencias sean perfectos para la formación de los estudiantes.

7. La maldición que se cierne sobre nuestra sociedad es la ignorancia de nuestras tradiciones y de los principios espirituales básicos. Esto debe cambiar. Amma ha visitado muchos países de todo el mundo y se ha encontrado directamente con muchas personas. Todas ellas –incluidas las personas indígenas de Australia, África y América– se sienten orgullosas

de su herencia y tradiciones. Pero aquí en la India muchos entre nosotros no valoran ni sienten orgullo por nuestra cultura. De hecho, algunos llegan incluso a ridiculizarla. Hay que poner primero una fuerte cimentación para conseguir erigir un alto edificio. De igual forma, necesitamos el conocimiento y sentir orgullo de nuestros antepasados y de su herencia para crear un presente brillante y un futuro prometedor. Ante todo necesitamos crear un ambiente adecuado. Esto supone que prestemos especial atención a los hambrientos y analfabetos. Para conseguirlo, necesitamos dirigirnos a la sociedad y actuar. *Swami Vivekananda* también insistió en la importancia de la educación de la mujer y permitirles que asuman el papel que les corresponde en la sociedad. En definitiva, necesitamos estar preparados para ajustar nuestra actitud a los tiempos cambiantes, desarrollar una mente que esté dispuesta a actuar y a avanzar por el camino que estableció *Swami Vivekananda* antes que nosotros.

Que esta institución sea capaz de propagar la vida y el mensaje de *Swami Vivekananda* por todo el mundo e implementar el plan de acción iniciado por él. Amma reza para que esta institución sea una bendición para el mundo entero y para que todos los esfuerzos de los hijos de Amma den su fruto.

|| oṁ lokāḥ samasthāḥ sukhino bhavantu ||

> Que todos los seres de todos
> los mundos sean felices.

www.ingramcontent.com/pod-product-compliance
Lightning Source LLC
Chambersburg PA
CBHW070040070426
42449CB00012BA/3123